TISSUS DES INDES

ET

DE LA CHINE

DE

M. MAURICE DALSÈME JEUNE

RAPPORT DE M. AMÉDÉE COUDER

VICE-PRÉSIDENT
DU COMITÉ DES ARTS ET MANUFACTURES
DE L'ACADÉMIE NATIONALE.

PARIS

IMPRIMERIE DE J. CLAYE

RUE SAINT-BENOIT, 7

1864

LACHHMI

TISSUS

DES INDES ET DE LA CHINE

DE

M. MAURICE DALSÈME JEUNE

RAPPORT DE M. AMÉDÉE COUDER

Vice-Président
du Comité des Arts et Manufactures
de l'Académie nationale.

Je suis doublement heureux de l'honneur
que m'a fait l'Académie en me chargeant
du rapport sur les remarquables produits
de M. Maurice Dalsème jeune. Ce commer-
çant éminent n'a rien négligé pour obtenir
des articles d'une haute perfection de travail,
exécutés sous l'influence d'un goût éclairé

et d'une longue expérience ; et en plus de la satisfaction que donne généralement l'appréciation des choses vraiment belles, j'ai rencontré, dans l'attentif examen de ses admirables produits, la source de considérations qui reportent la pensée vers le berceau du monde, pour reconnaître, dans la haute Asie, le point de départ de toute industrie faisant appel aux sciences et aux arts.

C'est évidemment là, où l'on peut se figurer que fut le paradis terrestre, que les arts textiles ont dû prendre naissance. Bien avant l'usage que l'homme devait faire du lin et du coton, le besoin de se préserver des rigueurs atmosphériques dut le porter à se vêtir d'épaisses toisons. Mais, son génie commençant à dérouler sa chaîne infinie, il inventa pour la laine le filage à la main et la navette. Dès ce jour, l'état sauvage fut attaqué par les forces de l'intelligence et elles remportèrent sur lui une éclatante victoire. Désormais la dépouille de la chèvre, du

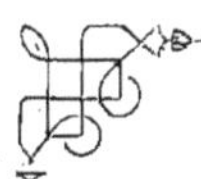
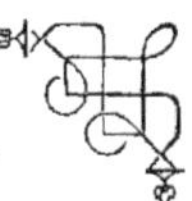

bélier, du lion et de la panthère allait être rejetée comme vêtement pour faire place à de souples et chauds tissus, pour lesquels on découvrirait bientôt les secrets de la teinture, et où le sentiment de l'art produirait, au milieu d'une nature splendide et merveilleusement fleurie, le germe de gracieux dessins dont les développements, sans cesse grandissants, devaient nous remplir aujourd'hui d'admiration.

Sans avoir la prétention de faire ici l'histoire du châle, veuillez, je vous prie, me permettre quelques mots sur l'industrie si riche et si peu connue des cachemires. Elle remonte à une haute antiquité.

Suivant une légende perpétuée à travers les siècles dans les populations ouvrières du nord de l'Indoustan, Lachhmï, déesse de la beauté, étant un jour allée faire visite au dieu Mahadéva, qui fait sa résidence terrestre sur les cimes les plus élevées de l'Himalaya; de cette demeure, découvrant les ravissants jardins que lui offrait la vallée de Cachemire

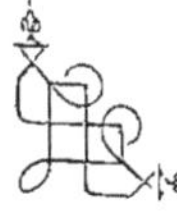
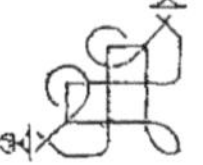

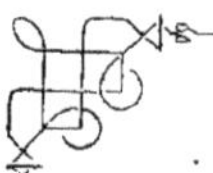
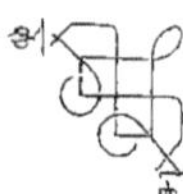

et respirant avec délices les suaves parfums
dont l'atmosphère était remplie, la déesse
ne put résister au désir de descendre se pro-
mener dans ce séjour enchanteur. Elle y
passa tout le jour à contempler la limpidité
des eaux, à cueillir les fleurs les plus belles
du monde, à se reposer sous les plus magnifiques ombrages en écoutant avec bonheur
au milieu de cette luxuriante végétation, l'ai-
mable gazouillement des bengalis et des
colibris voltigeant sur les branches agitées
par une douce brise. Bercée, pour ainsi dire,
à cet harmonieux concert, tout l'invitait au
sommeil; étendue sur l'herbe fleurie, elle
goûtait un paisible repos. Mais l'ardente chaleur du jour avait fait place à la fraîcheur
glacée du soir, et les voiles légers de la déesse
ne devaient pas suffire à garantir son corps
charmant des rigueurs du froid, ainsi que
l'Amour dont elle était toujours accompagnée
et qui reposait sur son sein, quand vint à
passer un tisserand. Il fut frappé d'admiration en apercevant une femme et un enfant

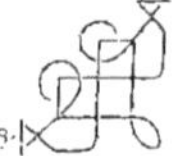

d'une aussi incomparable beauté ; puis, cé-
dant à une soudaine inspiration, il étendit
sur tous deux un châle qu'il venait de termi-
ner et qu'il portait à la ville. Lachḥmï, à son
réveil, se sentit charmée au contact de ce
moelleux tissu dont les curieux dessins cap-
tivaient ses regards et dont la douce chaleur
lui était si agréable. Elle ne pouvait se lasser
d'en témoigner sa surprise et sa joie ; cepen-
dant, la crainte d'être obligée de s'en déta-
cher semblait déjà se mêler à son bonheur.
Le tisserand le comprit, et s'empressa d'offrir
à la déesse l'hommage de son travail. Lachḥmï
accepta sans hésiter, et, s'enveloppant, ainsi
que l'Amour, dans les gracieux plis de ce
léger manteau, elle s'éleva aussitôt dans les
airs. L'aurore avait fait place au soleil ; il
dorait déjà ces splendides contrées ; on vit
alors la déesse se pencher tendrement en
étendant les bras sur la belle vallée comme
pour la bénir, en faisant entendre ces paroles
en témoignage de sa reconnaissance : *Sois
à toujours heureuse et renommée par cet ad-*

mirable travail. Et ce vœu prophétique, de siècle en siècle, continue de s'accomplir ; car l'industrie des châles n'a jamais abandonné ce beau sol ; et de plus en plus étendue et florissante, elle y compte aujourd'hui plus de quarante mille métiers, dont les produits, après avoir traversé la Perse, la Russie, la Turquie et l'Égypte, ont pénétré en Europe et fait pour ainsi dire la conquête du monde entier.

"Mais ne cherchons pas dans des légendes, auxquelles notre raison ne nous permet pas d'ajouter foi, les traces d'une antiquité qui n'est pas moins un fait incontestablement acquis à l'histoire. Il est positif que les peuples de l'Inde se couvraient de riches et fines étoffes de laine alors que, dans nos contrées, les princes mêmes ne portaient, en dehors de leurs armures, que de grossiers tissus. Bien plus tard, d'Italie, de Venise et surtout de Constantinople, pénétrèrent en Europe des étoffes d'une fabrication remarquable, avec des couleurs éclatantes et durables, dont nos

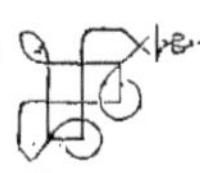
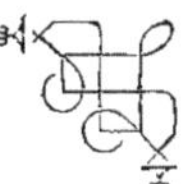

musées possèdent d'admirables témoignages.

Dans l'Asie, le sentiment de l'art n'a point trouvé à s'épancher sous les mêmes formules qui traduisirent les sublimes inspirations de Phidias et d'Apelles; mais, si les artistes orientaux sont restés près du grotesque (il faut le dire) dans la représentation de la figure humaine et du spectacle de la nature; s'ils n'ont pas su concevoir la pureté des lignes, l'harmonie des tons, l'entente du clair-obscur et les lois de la perspective; si l'art oriental ne possède point les mêmes qualités dont brillent le Parthénon et le Louvre, les restes encore debout des temples et des mausolées à Agra, à Delhi, à Bénarès et dans plus de cent autres villes, témoignent d'un goût et d'un mérite éminents auxquels il faut rendre justice, et qui se rencontrent encore par toute l'Asie dans la somptuosité des édifices, dans la richesse des armes, dans la délicatesse de la céramique et dans le luxe des vêtements.

L'artiste qui, dans l'Inde, consacre sa

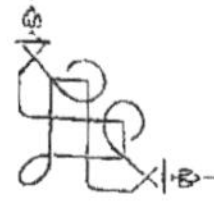

fibre poétique à la composition élégante et capricieuse du dessin des cachemires, va sur les âpres sommets des monts Himalaya demander ses plus belles inspirations au majestueux et féerique panorama des immenses campagnes fleuries qu'il découvre de ces agrestes aspérités. C'est à la vue de ces jardins, en quelque sorte suspendus, dont l'origine remonte jusqu'à Sémiramis, et dont les indigènes ont coutume d'orner la toiture de leurs maisons; c'est à la vue de ces îlots, bouquets toujours frais et embaumés autour desquels serpentent amoureusement les cinq rivières qui arrosent l'ancien royaume de Lahore, que son imagination s'impressionne et s'exalte, sous ce soleil père des rêves enchanteurs et des brillantes métaphores. Là, on naît avec le sens poétique, comme en Italie on naît avec le sens musical; et les hommes qui, dans l'Inde, sont dominés par l'inspiration, en savent presque toujours traduire les élans en langue persanne, la seule dans laquelle s'exprime le lyrisme indien.

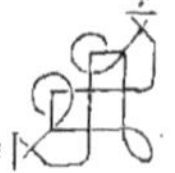

M. Maurice Dalsème possède des strophes tracées en or, que lui a personnellement adressées le plus habile fabricant de la vallée de Cachemire, en lui envoyant son chef-d'œuvre de travail et de dessin : un châle carré qu'un véritable connaisseur fut heureux d'acquérir au prix de dix mille francs.

Le caractère distinctif et particulier de l'art indien a été profondément étudié par M. Maurice Dalsème.

Dans toutes les carrières parcourues par les hommes, il existe une position supérieure qui appartient à celui qui sait la conquérir. Après avoir longtemps comparé les divers systèmes de fabrication de l'Inde et de la Chine, M. Maurice Dalsème a voulu en obtenir des produits hors ligne ; pour arriver à ce résultat il a su, dans les meilleurs centres de productions, faire concourir la magnifique matière de la soie et du cachemire, l'incomparable main-d'œuvre des Indiens et des Chinois, leurs teintures inaltérables et si brillantes, et leur riche entente

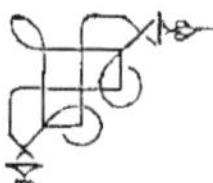 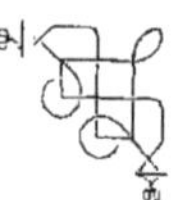

du coloris ; puis, à tant de précieux éléments de perfection, il est venu imprimer une direction de premier ordre.

Enfin, depuis de nombreuses années la maison Dalsème frères est connue pour l'importance de son commerce en tissus de l'Inde et de la Chine. Elle fut une des premières à créer des relations directes au sein même des districts manufacturiers de l'Asie ; elle a fait, et fait chaque jour des affaires considérables, et ses relations sont partout des plus étendues.

A l'Exposition universelle de 1855, leurs trois magnifiques vitrines furent très-remarquées, et ils obtinrent pour un de leurs fabricants asiatiques une médaille de première classe. Parmi leurs produits figuraient des crêpes brodés où ils avaient eu l'heureuse idée de faire mêler discrètement l'or et les perles fines.

Dans ce moment même, nous en avons été témoin, M. Maurice Dalsème, récemment nommé liquidateur de la maison autrefois

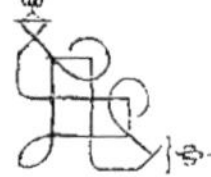 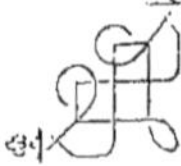

Dalsème frères, prépare, pour ce qu'on pourrait à juste titre appeler ses fabriques à Cachemire et à Pékin, des instructions dont les résultats permettront au public d'apprécier par lui-même son incontestable mérite.

L'Académie nationale, agricole, manufacturière et commerciale, appréciant les travaux constamment beaux et utiles de M. Maurice Dalsème, lui décerne une de ses plus hautes récompenses : la médaille de première classe.

Lu et approuvé en séance générale à l'Hôtel de Ville de Paris, le 17 mars 1863.

Le Secrétaire général,

Aymar-Bression.

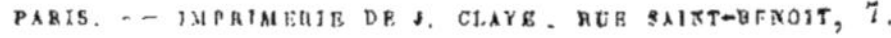

PARIS. — IMPRIMERIE DE J. CLAYE. RUE SAINT-BENOIT, 7.